7
LK 3568.

NOTICE

SUR LA CHAPELLE

DE NOTRE-DAME DE LA SERRÉE

PRÈS NUITS-SOUS-BEAUNE

(Côte-d'Or)

ET SUR LES CÉRÉMONIES DE SA BÉNÉDICTION

PAR Mgr FRANÇOIS-VICTOR RIVET, ÉVÊQUE DE DIJON

le 2 septembre 1856

Par M. l'Abbé F. MOIGNOT

Rédacteur du *Cosmos*.

PRIX : VINGT-CINQ CENTIMES

NUITS,

VIOLETTE, LIBRAIRE.

1856

NOTICE

SUR LA

CHAPELLE DE NOTRE-DAME DE LA SERRÉE

ET SUR LES CÉRÉMONIES DE SA BÉNÉDICTION

PAR Mgr FRANÇOIS-VICTOR RIVET, ÉVÊQUE DE DIJON,

le 2 septembre 1856.

Les dimanches 31 août et mardi 2 septembre 1856, la ville de Nuits a été le théâtre et le témoin de deux solennités pieuses et touchantes dont elle conservera longtemps le doux souvenir.

Il existait autrefois et depuis des siècles (1) dans la charmante vallée de la Serrée, à deux kilomètres de la ville, sur le versant de la colline de droite, un humble oratoire consacré à Marie et qui était devenu un but de pèlerinage célèbre dans toute la contrée.

---

(1) D'après un cartulaire conservé dans les archives de la ville d'Autun, Guy de Villers aurait fait construire en 1261, l'oratoire de la Serrée, en reconnaissance d'un grand danger auquel il avait échappé dans une chasse avec Hugues III, sire de Vergy, dont il était capitaine châtelain, et aussi pour satisfaire à la dévotion de sa femme envers Notre-Dame des Sept-Douleurs, *cette douce Vierge à qui son Fils ne sait rien refuser, cette consolatrice suprême dont toutes les volontés sont faites dans le Ciel.*

La statue de la Sainte Vierge aurait d'abord été une statue de marbre brisée par les Huguenots, sous Charles IX ; ce serait en 1625 que le groupe actuel en bois aurait remplacé le groupe de marbre. On lit cependant gravée sur le bois la date de 1514.

On y accourait en foule le 25 mars, jour de l'Annonciation, ou le lundi de Pâques, et la tradition a conservé le souvenir de nombreuses faveurs extraordinaires obtenues par l'intercession de Notre-Dame de la Serrée.

Une statue en bois, grossièrement sculptée, mais qui respire la piété, couverte d'*ex voto*, formait le principal trésor du petit sanctuaire, et elle était l'objet d'une vénération empressée. En 93, alors que les églises étaient profanées, les autels renversés, les prêtres égorgés ou chassés, un honnête papetier, M. François Raille, dont l'usine, placée sur la petite rivière du Musin, dans le fond de la vallée, faisait face à la chapelle, ne put se résoudre à voir la statue miraculeuse qu'avaient honorée ses pères et qui avait souri à son enfance, tomber sous la hache sacrilége des démolisseurs, ou livrée aux flammes. Il vint la nuit, accompagné d'un ouvrier sur la fidélité duquel il pouvait compter, enleva avec respect le groupe naïf de Marie tenant sur ses genoux le corps inanimé du Sauveur du monde, et le cacha dans une fosse creusée sur le bord du taillis, à une petite distance du grand escalier qui conduisait à la chapelle. Quatre ou cinq ans plus tard, quand la terreur fut passée, quand l'exaltation irréligieuse, effrayée des ruines amoncelées par elle, fut calmée, Claude Raille, fils de François Raille, confident du dépôt confié à la terre, rouvrit son sein pour reprendre la statue, et fut grandement surpris de la retrouver parfaitement intacte. Il la porta dans son moulin et l'installa dans une pauvre chambre dont la fenêtre donnait sur la grande route de la vallée, afin qu'elle pût être aperçue des passants. Le pèlerinage recommença presque aussitôt; ceux qui dans la tourmente révolutionnaire n'avait perdu ni la foi, ni le souvenir des bienfaits de Notre-Dame de la Serrée, venaient se placer en face de la bienheureuse fenêtre qui montrait Marie à leurs regards attendris, et récitaient debout un fervent *Ave Maria*. Le lundi de Pâques les visiteurs étaient beaucoup plus nombreux ; on ouvrait la fenêtre pour que la statue fût plus visible et tous s'agenouillaient sur le chemin pour la vénérer (1).

Dépouillé de ses ornements, dégradé, abandonné, le petit oratoire était tombé en ruines, ses vestiges disparaissaient peu à peu, l'escalier monumental s'était écroulé, et le bûcheron montait seul à la colline. Un des habitants les plus honorables et les plus riches de Nuits, un homme de bien par excellence, dont la mémoire sera à jamais bénie des pauvres et des ouvriers dont il était le père bien plus que le maître, M. Janniard, avait conçu la pensée et formé le dessein de rebâtir le sanctuaire, et de lui rendre son saint trésor. Ce projet fut accueilli par les ouvriers de Nuits avec une vive sympathie. Ils offrirent leur temps et leurs bras pour la reconstruction de la chapelle. M. Janniard songeait à profiter d'un empressement si digne d'éloges, lorsqu'une mort, hélas! prématurée vint l'enlever à la tendresse de sa famille et de ses amis.

Ce qu'il n'avait pu que projeter, son petit-fils, héritier de sa foi et de son pieux désir, M. Octave de Mayol de Lupé, résolut de l'accomplir. A un âge où

---

(1) En 1825, Mme Raille, veuve alors et propriétaire du moulin, le vendit à son beau-frère, Bernard Raille, et vint se fixer successivement à Nuits et à Dijon où elle mourut en 1854. En quittant la Serrée, elle emporta la statue de la Vierge qu'elle avait en grande vénération, et dont elle ne voulut jamais se séparer.

la jeune noblesse ne pense guère qu'à se produire ou à se distraire, il n'avait qu'un doux rêve, celui de reporter en triomphe Notre-Dame de la Serrée sur l'autel d'où elle avait répandu tant de faveurs. Il acheta et le lieu occupé par l'oratoire de Marie, avec les taillis qui l'entourent et la montagne qui le couronne, et fit appel au talent exercé de M. Petit, architecte distingué, auquel la ville de Dijon doit son bel établissement de la Chartreuse, et fit élever un nouvel oratoire un peu plus digne de Marie. C'est un petit temple gothique, construit tout entier en calcaire dur et fin, dans le style du commencement du XVe siècle, avec son porche pour abriter le pèlerin, sa grande fenêtre ogivale, orné de meneaux sculptés encadrant des vitraux peints, son tympan surmonté d'une croix latine, son autel ciselé, sa niche à voussure trilobée, sa voûte en bois, son pavé carrelé de marbre noir et blanc, etc., etc.

M. Claude Raille, petit-fils et successeur de François Raille, consentit sans peine à céder la statue sauvée par son vénérable grand-père. On la rapporta de Dijon, où elle était restée depuis la mort de Mme Raille, et le jour de la consécration du charmant sanctuaire, de la réinstallation de la statue bénie, avec l'agrément de Monseigneur l'Evêque de Dijon qui devait présider la solennité, fut fixé au 2 septembre. Déposée depuis quelque temps dans la chapelle de l'enclos de Mme Janniard, la statue miraculeuse avait été vêtue suivant l'usage antique : robe en drap d'or, manteau en velours grenat, avec de riches broderies d'or, voile en mousseline brochée d'argent, couronne incrustée de pierreries. Huit bons vieillards qui, dans leur enfance et leur jeunesse, s'étaient souvent agenouillés sur le seuil du modeste oratoire pour bénir Notre-Dame de la Serrée, qui dans l'âge mûr l'avaient cherchée du regard à travers les carreaux salis de la fenêtre du moulin, qui se demandaient depuis quelque temps avec anxiété où ils retrouveraient le groupe si cher à leur cœur, qui, lorsqu'ils virent le nouveau temple s'élever, conjuraient le ciel de ne pas les laisser mourir avant que leurs yeux à demi-éteints l'eussent saluée de nouveau sur la colline tant aimée, furent invités par M. de Lupé, à recueillir leurs vieux souvenirs, à témoigner de l'authenticité, de l'identité de la statue miraculeuse. Comme elle n'avait rien souffert des injures du temps et de l'humidité du sol; comme on n'avait fait que laver, sans la renouveler, la peinture séculaire; comme rien n'était changé en un mot que les vêtements devenus plus splendides, ils la reconnurent sans peine; c'était bien le doux visage de la bonne Mère, c'était bien le corps meurtri de son divin Fils qui les avaient tant attendris soixante ou soixante-dix ans auparavant, et ils s'attendrissaient de nouveau et ils versaient des larmes de joie et d'amour, et nous, qui écrivions leurs naïves déclarations, nous n'oublierons jamais la vive impression que nous avons ressentie.

Tout alors était prêt pour la glorieuse réintégration, et la ville de Nuits, ne formant cette fois qu'un cœur et qu'une ame, l'attendait avec une impatience extraordinaire.

Un bruit fatal se répandit tout à coup; on annonce qu'il n'y aura pas de procession solennelle, que, portée le soir dans le rustique moulin qu'elle habita si longtemps, la statue de Marie ne gravira avec pompe que la pente trop courte de la colline. A cette nouvelle, les trois mille habitants de la vieille cité s'attristèrent, s'irritèrent presque ; une pétition, rédigée par les membres de la conférence de saint Vincent de Paul, se couvre en un instant de signatures, des noms mêmes sur lesquels on était loin de compter, et une députation est chargée d'aller à Dijon la porter aux pieds de Monseigneur l'Evêque. Sa Grandeur, trop heureuse d'avoir amené cette éclatante démonstration, s'empressa de consoler les ardents défenseurs de Marie, en leur apprenant qu'au lieu du triomphe qu'ils sollicitent, elle leur en accorde deux, et que la ville de Nuits pourra par conséquent s'abandonner librement à tous les transports de sa foi et de sa piété. En effet, le dimanche 31 août, vers une heure de l'après-midi, les membres de la conférence de St. Vincent de Paul se réunissent dans la chapelle de Mme Janniard, et chargent leurs épaules du brancard sur lequel la sainte statue se dresse triomphante. Vêtues de blanc, quatre nobles demoiselles de la famille du généreux fondateur, constituées dames d'honneur de Notre-Dame de la Serrée, prennent les banderolles attachées aux angles du brancard. M. Octave de Lupé, son frère Henri, sa mère si dévouée, sa grand'mère, Mme Janniard, si heureuse de voir enfin réalisé le vœu le plus cher de son vertueux époux, entourés de parents et d'amis venus de loin, se serrent derrière le premier groupe et dans un silence imposant ; le pieux cortége, suivi d'une élite d'âmes pieuses s'engageant dans les rues étroites de la ville, traversée de distance en distance par des guirlandes d'où descendent des couronnes de verdure, vient déposer la statue devant l'autel de Marie dans la vieille basilique de St-Symphorien, monument austère et vénérable de la foi artistique du moyen-âge. L'église est pleine comme aux plus grands jours de fête. M. le curé, arrivé quelques instants après, entonne le chant des vêpres, et quand elles sont finies, il organise la procession solennelle qui va remettre Marie en possession de la vallée, de la colline et de l'oratoire de la Serrée. Un clergé nombreux, toutes les confréries, représentées par la grande majorité de leurs membres, avec leurs bannières, leurs insignes d'honneur, leurs saints portés sur de longs bâtons sculptés et dorés, les religieuses hospitalières de sainte Marthe, les frères des écoles chrétiennes et les sœurs de la charité avec leurs élèves, trois à quatre mille personnes, hommes, femmes, enfants, se rangent sur deux lignes de plus d'un kilomètre de longueur, faisant retentir les airs des psaumes des complies, des litanies et des cantiques. La statue est portée tour à tour par les filles de Marie et les confrères de St. Vincent de Paul, et l'on s'avance lentement à travers les sinuosités de la vallée, tête nue sous un soleil brûlant que tous sont heureux de braver; et l'on gravit la double rampe en zigzags qui conduit à l'oratoire, et la sainte statue est provisoirement installée sur un piédestal, en attendant que des mains plus augustes, celles du premier pasteur du diocèse, la replacent dans la niche d'où vont découler tant de bénédictions nouvelles. La procession se reforme et revient avec un ordre admirable, chacun a repris son rang, quoique le soleil darde encore ses rayons, et l'on ne quitte l'église paroissiale qu'après avoir chanté une dernière fois les louanges de Marie. Cette procession disparaissait derrière les arbres de la vallée, lorsqu'elle fut remplacée par une autre. Les habitants du village de Meuilley, conduits par leur vénérable pasteur, et bannière en tête, veulent, sans plus tarder, témoigner la part qu'ils prennent à cette pieuse réhabilitation et satisfaire eux aussi leur dévotion envers Marie. Lorsqu'ils se retirèrent le soleil était déjà sur son déclin.

Elle était belle sans doute, cette première cérémonie, elle manifestait de la manière la plus éclatante des sentiments unanimes des Nuitons, leur dévouement à Notre-Dame de la Serrée; ce n'était cependant que le prélude, que l'aurore d'un jour plus brillant.

Le lundi 1er septembre, vers sept heures du soir, alors que le ciel couvert d'épais nuages fait gronder le tonnerre et lance de tout côté la foudre, les cloches de Saint-Denis et de Saint-Symphorien, lancées à grande volée, annoncent que Monseigneur l'Evêque de Dijon, bravant à son tour un orage terrible et une pluie battante, fait son entrée dans la ville. La pluie tombe toute la nuit; mais les nuages orageux s'éloignent peu à peu dans la direction du sud-est. Au point du jour le ciel, interrogé des regards inquiets, se montre gris encore, mais calme et sans pluie; bientôt le soleil parvient à percer les sombres voiles de l'horizon et remplit tous les cœurs d'allégresse. Rien ne sera changé au bienheureux programme; Marie ne perdra rien du triomphe qui l'attend. La tempête vaincue n'aura eu pour effet que d'abattre la poussière et de couvrir le ciel de nuées transparentes qui défendront la foule empressée des ardeurs du soleil.

Dès sept heures du matin, les maisons se vident, les rues s'emplissent, et l'immense majorité des habitants de Nuits prend le chemin de la riante vallée. A huit heures, la ligne des pieux pèlerins n'est plus interrompue depuis le faubourg jusqu'à l'oratoire, et à neuf heures, moment fixé pour l'arrivée de Monseigneur, cinq ou six mille personnes couvrent à droite et à gauche les abords du taillis, le large espace compris entre la grande route et le chemin du moulin, les prairies adjacentes, etc. Les rampes seules restent vides. Bientôt le chant solennel de l'antienne *Benedictus qui venit in nomine Domini*, annonce l'arrivée de Sa Grandeur. M. Garnier, curé de Nuits et doyen du canton, entouré de 90 prêtres, la reçoit suivant le cérémonial accoutumé, et lui adresse un charmant petit discours, écrit avec une élégance remarquable, dit avec une grâce parfaite, dont la pensée principale est d'appeler en témoignage de la perpétuité de l'Eglise de Jésus-Christ l'éclat de cette solennité et l'empressement de cette foule recueillie. Que de fois les ennemis de l'Eglise catholique ont entonné l'hymne du triomphe remporté sur elle et célébré ses prétendues funérailles! Les tyrans ont cru la noyer dans le sang, les hérésies et les schismes se sont vantés de s'être partagé ses lambeaux, la philosophie s'est flattée de la voir rendre ridicule ou odieuse, et la voici renaissante et toujours jeune comme ce gracieux édifice qui sort tout à coup des vieilles ruines. Monseigneur a répondu à M. le curé par quelques-unes de ces phrases faciles, heureuses, éloquentes, dont il a le secret, et qui expriment admirablement la joie qui inonde son cœur d'évêque à la vue de ce bel élan des populations fidèles à la Reine du Ciel. Sa Grandeur, précédée de la croix et du clergé, gravit ensuite les zigzags de la rampe qui présente en ce moment un coup-d'œil magique. A la porte du modeste oratoire se tient M. Octave de Lupé, accompagné de sa mère et de son aïeule; il tient de sa main droite un plat d'argent sur lequel reposent les clefs du sanctuaire et les présente à Monseigneur, en lui disant avec une simplicité émue : « Monseigneur, en déposant entre vos mains les clefs de cette humble chapelle, je suis heureux de vous remercier en mon nom et au nom de ma famille de la démarche que vous daignez faire. » Monseigneur, à son tour, s'est empressé d'exprimer en son nom, au nom de M. le curé et au nom de tous les habitants de la ville de Nuits, ses sentiments de reconnaissance envers M. de Lupé pour son don si précieux, pour le premier et si excellent exercice de ses droits civiques, en possession desquels il entre ce jour-là même. Cette sainte et glorieuse entrée dans la vie civile est le plus noble et le plus touchant hommage qu'un fils puisse rendre à la mémoire de son aïeul et de son père en réalisant le plus pur et le plus ardent de leurs vœux ; elle attirera infailliblement les plus abondantes bénédictions du ciel. M. le curé, à qui Monseigneur remet les clefs, ouvre les portes, et l'on procède à la bénédiction solennelle des murs, de l'autel, etc. Quand elle est terminée, Sa Grandeur s'asseoie sous le porche, ayant à sa droite M. Garnier, curé de Nuits, à sa gauche M. Girardot, enfant de Nuits, chanoine honoraire, curé de Saint-Michel de Dijon ; tout auprès, M. l'abbé Pillot, chanoine honoraire, secrétaire particulier, et autour d'elle une couronne de vénérables curés, vicaires et autres ecclésiastiques, dont quelques-uns venus de fort loin. La foule en même temps, jusquelà contenue, et à laquelle on rend sa liberté, inonde et couvre les rampes ; la colline alors apparaît dans toute sa magnificence, et nous n'avons jamais vu de spectacle plus émouvant. Aux quatre angles et aux côtés du grand rectangle en plan incliné, des mâts font flotter dans les airs des oriflammes aux couleurs de Marie. Au centre du terre-plein de la chapelle se serre la nombreuse famille du généreux donateur. On voit à droite un chœur de jeunes gens de la ville accompagné de plusieurs instruments et dirigé par M. l'abbé Boullot, aussi enfant de Nuits et vicaire de Nolay ; à gauche, un chœur nombreux de jeunes filles, la plupart enfants de Marie ; sur les rampes, sur les flancs du taillis, sur le chemin, dans les prés, une foule innombrable, composée de toutes les classes de la société, aux costumes les plus variés et les plus pittoresques ; dans la prairie, des calèches découvertes remplies de vieillards et d'infirmes que rien n'a pu empêcher de prendre part à la joie commune, et parmi eux deux illustrations, l'une du barreau, le vénérable M. Chifflot, avocat célèbre de Dijon, l'autre des sciences, M. Marinet, ingénieur en chef du chemin de fer de Strasbourg, victime glorieuse d'un excès de charité et de dévouement. La musique de la colonie agricole pénitentiaire de Cîteaux, venue de douze kilomètres, sous la conduite de son héroïque directeur, M. l'abbé Rey, dirigée par deux frères de Saint-Joseph, et composée de quarante jeunes colons dans leur costume pauvre et sévère, couvre le losange que forment en se coupant les deux derniers zigzags de la rampe.

Quand tout le monde a pris place, le R. P. Félix, l'éloquent successeur des RR. PP. Lacordaire et de Ravignan dans la chaire des conférences de Notre-Dame-de-Paris, apparaît sur le second perron au-dessous de celui qu'occupe Monseigneur. Ce perron, avec la balustrade qui le couronne et son terre-plein, forme une chaire naturelle semblable aux chaires en plein air de l'Italie ; on s'est assuré que la voix tombant de cette tribune improvisée retentira dans tout le vallon, qu'elle sera entendue sans peine par les six mille auditeurs, condensés entre le roc escarpé de la colline et le ruisseau qui serpente dans la vallée. En effet, il a suffi au R. P. Félix de prononcer son texte, si heureusement choisi : *Vous êtes la gloire de Jérusalem, vous êtes la joie d'Israël, vous êtes l'ornement de notre peuple,* pour acquérir la certitude qu'on ne perdra pas une syllabe. Sa parole atteint même la colline opposée, l'écho complaisant la lui renvoie, en semblant lui dire : elle est allée, elle a été perçue de tous, elle est venue à moi et je te la rends.

L'exorde de ce beau discours, qui justifie pleinement la réputation du pieux et célèbre orateur, est un commentaire élégant de son texte appliqué aux temps, aux lieux, à l'objet de cette touchante cérémonie. Puis le P. Félix aborde carrément son sujet, le seul qu'on puisse traiter à pareil jour, la grandeur publique, incomparable de Marie. Il est impossible de mieux exposer, de mieux développer, de mieux couronner en une heure trop rapidement écoulée, hélas! et qui n'a semblé qu'une douce extase, le résumé le plus complet qui fût jamais des titres de gloire de la Reine du ciel et de la terre. Marie est grande par la dignité sublime à laquelle elle est élevée par le ministère ou les fonctions augustes qu'elle remplit, par la puissance sans bornes dont elle est revêtue.

La dignité de Marie se résume dans ses rapports intimes avec les trois personnes adorables de la Sainte Trinité, elle est la Fille par excellence du Père éternel qui partage avec elle autant qu'il est possible son incommunicable paternité divine. Elle est la Mère glorieuse du Fils qu'elle engendre dans le temps, comme le Père l'engendra dans l'éternité. Elle est l'épouse immaculée de l'Esprit-Saint qui la couvre de son ombre infinie et la rend féconde dans sa virginité.

Le ministère ou les fonctions de Marie, les plus augustes que l'on puisse concevoir ici-bas, consistent à produire avec Dieu, par son consentement souverainement efficace, le Verbe incarné, Jésus-Christ ; à contribuer avec le Sauveur des hommes à la sanglante immolation du Calvaire, à la Rédemption descendue de la Croix ; à continuer chaque jour, avec l'Esprit-Saint, cette rédemption divine, et par le sacrifice de l'autel qui est à la fois l'incarnation de Bethléem, la mort sur le mont Golgota et par l'apostolat chrétien.

La puissance enfin de Marie comprend essentiellement le droit qu'elle a de commander à Dieu, d'imposer en quelque sorte ses volontés à son Dieu, droit qui constitue son omnipotence suppliante. Elle s'étend aux cieux où Marie règne par les hommages qu'elle reçoit, à la terre où Marie exerce un empire absolu de miséricorde et d'amour, aux enfers que Marie dompte par la terreur qu'elle inspire. Aussi l'univers entier est-il plein des merveilles opérées par l'intercession de Marie, ce vallon délicieux, ces ombrages, ce ruisseau limpide, redisent dans un doux murmure de reconnaissance et d'amour la toute-puissance de Notre-Dame de la Serrée.

La dignité de Marie commande le respect et les hommages ; nous devons donc la vénérer et l'honorer ; ses fonctions de co-productrice, de co-immolatrice, de co-rédemptrice, exigent que nous la laissions produire en nous son divin Fils, que nous nous laissions sauver par elle, que nous soyons à notre tour, victimes et apôtres. La puissance de Marie attend de nous une confiance sans bornes et que rien ne puisse jamais ébranler. Telles sont les pensées qui ont rempli la brillante péroraison de l'orateur. Il a atteint les limites du beau idéal, le dernier terme de l'éloquence, quand pour donner une idée des grandeurs de Marie, et ne trouvant sur la terre aucune image digne d'elle, il s'est élancé dans les cieux, emporté par l'aigle évangélique, et qu'il a commenté ces mystérieuses paroles de saint Jean : *Un grand signe est apparu dans les cieux : Une femme avait pour vêtement le soleil, la lune était sous ses pieds, et douze étoiles formaient une couronne autour de sa tête.*

Ce discours écouté dans une immobilité absolue, avec une attention et une avidité extraordinaires, ne laissait rien à désirer. Il a été également applaudi et du clergé qui le mettait au-dessus de tous les panégyriques de Marie qu'il avait entendus jusque-là, et du peuple étonné, ravi, de comprendre l'orateur autour duquel se pressent les littérateurs, les savants, les philosophes de la grande capitale.

Si l'on avait pu lire en ce moment dans tous les cœurs, on aurait vu qu'il s'en échappait un concert unanime de louanges pour Mme de Lupé, qui avait eu l'heureuse pensée de confier au R. P. Félix le sermon d'inauguration de la sainte chapelle, et qui avait eu assez d'influence pour obtenir cette insigne faveur.

Le genre du P. Félix est un genre à part; il s'adresse avant tout à l'esprit qu'il illumine de clartés, par la netteté de son exposition, par le nombre, la lucidité, la gradation des pensées; il attend de la parole sainte qu'elle passe tout naturellement de l'esprit au cœur, il laisse l'auditeur s'impressionner de lui-même; c'est bien là cette loi immaculée, le témoignage fidèle du Seigneur : *Lex Domini immaculata.... testimonium Domini fidele.* D'autres orateurs croient qu'il faut au contraire parler directement au cœur; ils émeuvent davantage peut-être, ils transportent plus visiblement leur auditoire, mais le sentiment s'éteint vite et ne renaît pas toujours, tandis que la conviction demeure et porte des fruits plus durables.

Le R. P. Félix était tout ému d'une émotion tendre qu'il ne ressent pas en descendant de la chaire de Notre-Dame de Paris; et il n'oubliera jamais son rustique auditoire du vallon de la Serrée. Il laisse à Monseigneur de bénir lui-même son peuple. Après cette première bénédiction, Sa Grandeur revêt les ornements pontificaux, et la sainte Messe commence. Debout à la place que le P. Félix venait de quitter, un prêtre annonce à la foule toujours immobile et recueillie, que l'on arrive successivement aux moments plus solennels de l'auguste sacrifice, à l'Evangile, à l'Offertoire, à l'Elévation, à la Communion. La société de musique de Nuits et la musique de la colonie agricole, alternent des chants religieux. On remarque surtout un *Ave verum* dont la première strophe répétée en chœur produit un effet très-entraînant; nous aimerions à le voir devenir populaire; la légende poétique, pieuse et naïve de Notre-Dame de la Serrée, composée par M. l'abbé Girardot, aurait été mieux appréciée, si la mélodie avait été plus simple et si les chanteurs n'avaient pas été masqués par le taillis (1). Les morceaux d'harmonie religieuse exécutés par les jeunes colons de Cîteaux, étonnent par un ensemble qu'on était loin d'attendre de pauvres enfants détenus, si difficiles à former, et qui sortent de la colonie au moment où l'on pourrait compter quelque peu sur leur habileté.

Après l'*Ite missa est* et avant le dernier Evangile, Monseigneur, encore revêtu de sa chasuble, la mître en tête, la crosse pastorale à la main, s'assoie dans un fauteuil sur la plate-forme de la chapelle et s'écrie que son âme est trop surabondante de joie pour qu'il ne puisse pas donner essor aux sentiments qui s'y pressent. Il remercie avec effusion la noble famille de Lupé, de sa sainte inspiration et de sa généreuse munificence; il remercie la foule de son empressement, de sa foi, de sa piété; il remercie l'éloquent orateur de son glorieux panégyrique de Marie, et prend plaisir à l'analyser, à en redire les pensées les plus saillantes et les plus salutaires; il félicite M. le Curé de Nuits de l'attitude recueillie de ses ouailles, de leur fidélité aux pieuses traditions de leurs ancêtres; il appelle de ses désirs les plus vifs une autre fête, qui à l'avance fait battre son cœur, la construction du temple projeté depuis longtemps par M. le Curé de Nuits, et qui doit remplacer la vieille collégiale de St.-Denis, dont les flancs sont devenus trop étroits; il fait des vœux ardents pour que l'abondance succède enfin à la stérilité, pour que les vastes celliers de Nuits se remplissent des vins excellents qui font sa célébrité et sa richesse, afin que de nouvelles offrandes viennent

---

(1) Un nouvel air, qui respire la piété et la simplicité antique, a été composé par M. Charles Poisot de Dijon, artiste aussi modeste que distingué par son talent hors ligne.

s'ajouter aux 74,000 francs (somme énorme si l'on tient compte des malheurs des dix dernières années, mais insuffisante en raison de sa destination), mis à la disposition de M. le Curé pour la construction de sa nouvelle église.

Ceux qui connaissent la tête si noble, le visage si accentué et si expressif de Mgr l'Evêque de Dijon, sa parole si facile, si élégante, si animée, sa voix si sonore et si retentissante qui force à vibrer à l'unisson l'atmosphère entière du vallon, pourront seuls se faire une idée de l'effet qu'a produit cette allocution tout à fait digne d'un apôtre et d'un père.

Au moment où Sa Grandeur se lève pour donner sa dernière bénédiction solennelle, le soleil, perçant les nuages, illumine d'un rayon sympathique et céleste l'or, l'argent des ornements pontificaux, et les fait resplendir de clartés; tous les genoux fléchissent, tous les fronts s'inclinent, tous les cœurs tressaillent, l'émotion religieuse a atteint ses dernières limites, la terre disparaît et chacun se croit transporté sur les hauteurs enchantées des collines éternelles. On entonne l'hymne de l'action de grâces, les zigzags des rampes se dégarnissent pour faire place au cortége de Sa Grandeur; elle descend, monte en voiture et part suivie des acclamations reconnaissantes de son peuple.

Ainsi se termine cette fête qui rappelle les plus beaux jours du christianisme. On pouvait se demander si au moyen-âge il y aurait eu plus de spontanéité et plus de transports; on n'avait pu ni prévoir, ni désirer un plus touchant accord, une plus ravissante unanimité.

Mmes Janniard et de Lupé avaient fait préparer un dîner splendide, quatre-vingt-dix invités, prêtres, nobles, magistrats, etc., s'assoient à leur table, et continuent sous les regards du père commun, dans un festin, qui rappelle les agapes de l'Eglise primitive, tant la joie est douce, tant toutes les âmes sont suavement épanouies, la sainte fusion du matin dans le cœur de la divine Mère, de Notre-Dame de la Serrée. Groupés devant les croisées du principal salon, les enfants de Cîteaux font alterner avec des morceaux de symphonie militaire, des chansonnettes et jusqu'à des airs choisis d'opéra-comique et d'opéra, vivement applaudis.

Dès que la nuit fut venue, la ville de Nuits s'illumine spontanément comme elle s'était élancée spontanément deux fois vers le vallon de la Serré. La fête dure encore, c'est dans les rues étroites de la ville comme une procession nouvelle, et partout on parle de Marie, on applaudit à son triomphe, on se redit les suaves émotions du matin. Plusieurs illuminations sont surtout brillantes et admirées, celles des sœurs de sainte Marthe dont le petit Hôtel-Dieu est si charmant et si parfaitement tenu; celle de M. Thomas, disciple fervent et modeste de saint Vincent de Paul; celle de Mlle Meiray, qui attire surtout la foule, tant elle est artistique et distinguée; le transparent de gauche représente un ange tenant dans ses mains et montrant du doigt au peuple de Nuits le délicieux oratoire de Notre-Dame de la Serrée, comme devant devenir le centre de ses espérances et de son amour; dans celui de droite un ange présente une couronne, pour indiquer que Marie est la Reine de la terre et du ciel. On doit citer encore les illuminations pleines de goût de Mmes Gilliotte et Verguet, ainsi que celle de Mmes Janniard et de Lupé. Un grand nombre de fenêtres offrent à l'intérieur de petites statues de la Vierge, entourées de fleurs et de verdure; et, jusqu'à l'extrémité du faubourg qui conduit à la Serrée, des lanternes vénitiennes suspendues aux guirlandes qui traversaient la rue produisent un charmant effet.

Quand, témoin de tant d'enthousiasme, on se rappelle l'exaltation révolutionnaire de cette même ville de Nuits en 1793, les excitations démagogiques en 1848; les complots incendiaires qui s'ourdissaient dans son sein pour 1852, comment ne pas s'écrier que le doigt de Dieu, que le doigt de Marie est là, que cette transformation inespérée est un premier miracle opéré par Notre-Dame de la Serrée, miracle avant-coureur de mille autres. Depuis le jour de l'inauguration le nombre des pèlerins a été sans cesse en augmentant, le pieux sanctuaire n'est jamais sans visiteurs, et son pavé est tout parsemé des deniers de la veuve et du pauvre; on peut sans exagération évaluer à plus de cent le nombre de personnes qui gravissent chaque jour les rampes de la colline et viennent s'agenouiller devant la statue miraculeuse.

Disons en terminant que les arts comme l'éloquence et la poésie ont été admis à payer leur tribut d'honneur à Notre-Dame de la Serrée. M. Octave de Lupé a fait graver par Le Saché, et frapper à la Monnaie de Paris une médaille commémorative, module de 40 millimètres, représentant à l'endroit : la façade de la chapelle avec le taillis qui l'entoure et les rochers à pics qui la dominent; au revers : les armes de la famille de Mayol de Lupé; *de sinople à six pommes de pin d'or, couronne de comte, cimier au lion naissant d'or, supports deux lions d'or, devise : Deo et patriæ.*

M. Mazaroz, artiste-peintre très-distingué, a reproduit dans un beau dessin au crayon, une vue de la chapelle, de la rampe, de la foule, pendant le discours du R. P. Félix.

M. Conti, photographe habile de Dijon, a pris au daguerréotype sur plaque et sur verre albuminé, en se plaçant au même point que M. Mazaroz, un certain nombre d'épreuves simples ou stéréoscopiques. Le temps n'était pas très-favorable; M. Conti, pris à l'improviste, n'a par conséquent pas été aussi heureux qu'il l'aurait désiré; il a réussi cependant à fixer sur une demi-plaque daguerrienne l'une des phases les plus intéressantes de la cérémonie, celle qui correspond à l'allocution de Monseigneur; c'est une vue parfaite d'ensemble et de détails; des milliers de personnages se détachent sans confusion aucune, et l'œil armé de la loupe retrouve sans peine un grand nombre de visages connus; il sera facile avec une plaque unique d'obtenir un négatif sur verre qui servira au tirage d'un nombre indéfini d'épreuves.

Enfin, le bruit a couru qu'un sténographe exercé, venu de Paris, avait saisi au vol le beau panégyrique du R. P. Félix, et qu'il serait bientôt reproduit par un des journaux religieux de la capitale.

NOTRE-DAME DE LA SERRÉE.

Jadis une chapelle antique
Animait ce riant côteau,
Et l'eau du limpide ruisseau
Reflétait son cintre rustique.
La Vierge qu'on y révérait
Reçut le nom de la contrée,
Et le pèlerin l'appelait
Notre-Dame de la Serrée.

Jamais en vain, dans la souffrance,
On n'eut recours à son pouvoir,
Et de la grille on pouvait voir
Les dons de la reconnaissance :
D'anciens ex voto témoignaient
De plus d'une grâce avérée,
Et combien nos aïeux aimaient
Notre-Dame de la Serrée.

Un marin, dans ses longs voyages,
Sauvé des portes du tombeau,
Suspendait un petit vaisseau
Gréé de mâts et de cordages.
Un boiteux guéri déposait
Sa longue béquille ferrée, *
Et l'assistance bénissait
Notre-Dame de la Serrée.

Un jour une horrible tempête
En France exerce ses fureurs :
Le marteau des démolisseurs
Brise, détruit... Rien ne l'arrête.
La pauvre chapelle tomba,
Mais la Vierge en fut retirée.
Une main d'ami déroba
Notre-Dame de la Serrée.

Après une longue tourmente
Le ciel daigne nous protéger :
On voit s'éloigner le danger,
L'ordre renaît, l'espoir augmente.
Du joug sanglant de la terreur
L'Eglise est enfin délivrée.
Ah! reverrons-nous en honneur
Notre-Dame de la Serrée !

Pendant un grand nombre d'années
Tous nos désirs sont superflus :
La chapelle n'existe plus,
Ses pierres gisent profanées.

* Ces objets se voyaient encore dans la chapelle avant la révolution de 93.

On passait là sans remarquer
La croix de son pied séparée,
Et nul ne venait invoquer
Notre-Dame de la Serrée.

Par un homme éminent et sage
Un premier essai fut tenté.
Hélas ! par la mort emporté,
Il ne put finir cet ouvrage.
Son petit-fils recommença,
La chapelle fut restaurée,
Et sur l'autel on replaça
Notre-Dame de la Serrée.

Au lieu de la simple chapelle
Sans ornements et sans clocher,
On voit en avant du rocher
Une façade de dentelle ;
La flèche semble s'élancer
Pour porter la croix vénérée,
Glorieuse au loin d'annoncer
Notre-Dame de la Serrée.

Une foule heureuse s'empresse
Pour fêter ce joyeux retour,
Et les collines d'alentour
En ont tressailli d'allégresse.
Petits oiseaux, modeste fleur,
Bois parfumé, mousse ignorée,
Vous saluez avec bonheur
Notre-Dame de la Serrée !

Une sainte cérémonie
Va mettre le comble à nos vœux ;
Monseigneur est lui-même heureux
De monter ici pour Marie.
Il vient prier, il vient bénir,
Aux pieds de l'image sacrée,
Jurons d'aimer à l'avenir
Notre-Dame de la Serrée.

J.-B. G.

Dijon, impr. Darcier Legendre.

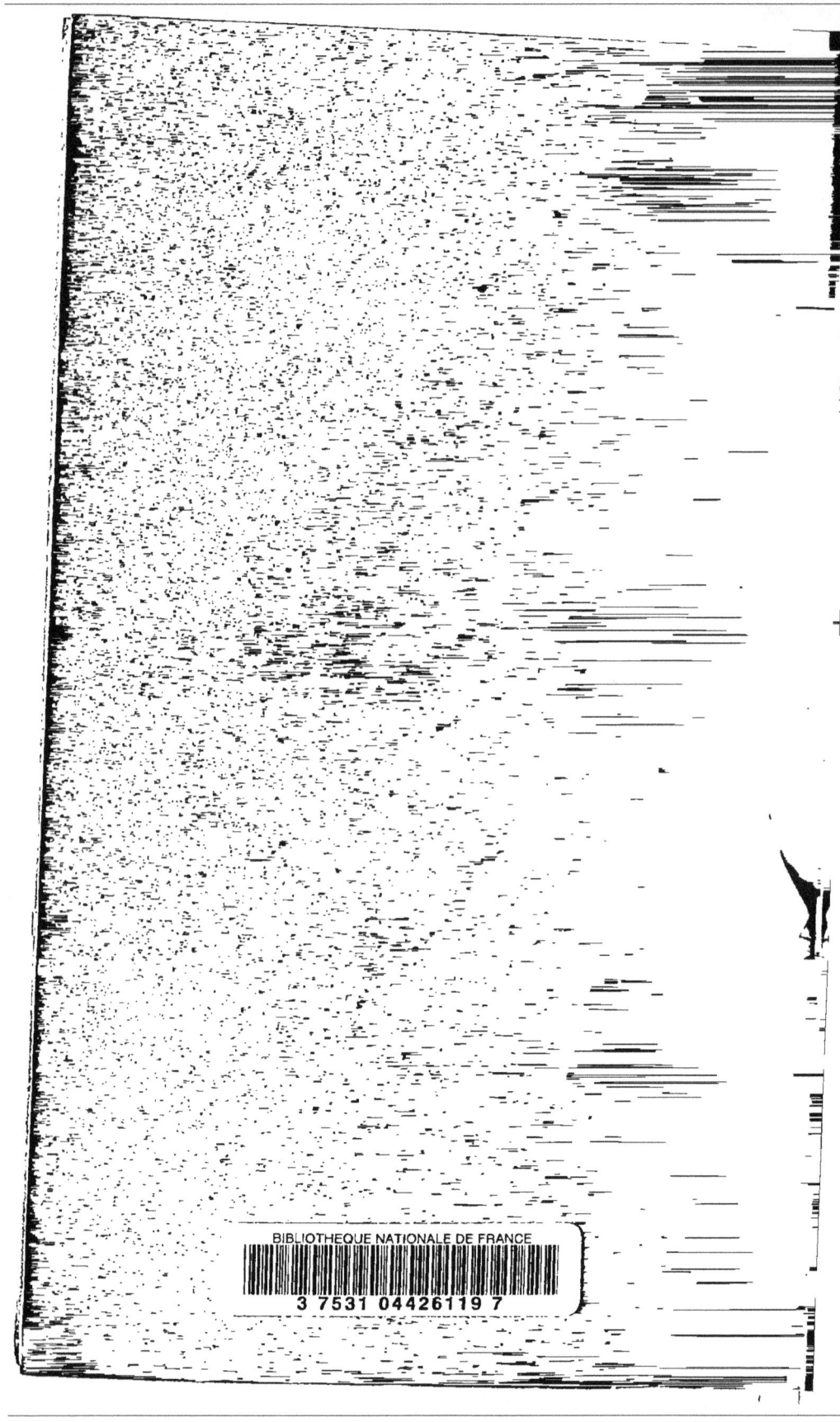

www.ingramcontent.com/pod-product-compliance
Lightning Source LLC
Chambersburg PA
CBHW060914050426
42453CB00010B/1715